红色广东丛书

广东红路

中央秘密交通线

邱锦炜　陈申宏　张勇华　编著

SPM 南方传媒 | 广东人民出版社
·广州·

图书在版编目（CIP）数据

广东红路. 中央秘密交通线 / 邱锦炜，陈申宏，张勇华编著. —广州：广东人民出版社，2023.1
（红色广东丛书）
ISBN 978-7-218-16451-9

Ⅰ.①广…　Ⅱ.①邱…　②陈…　③张…　Ⅲ.①革命史—广东
Ⅳ.①K296.5

中国国家版本馆CIP数据核字（2023）第020587号

GUANGDONG HONGLU · ZHONGYANG MIMI JIAOTONGXIAN

广东红路 · 中央秘密交通线

邱锦炜　陈申宏　张勇华　编著

出 版 人：肖风华

责任编辑：梁　晖　黎　捷
封面设计：刘小锋　李卓琪
责任技编：周星奎　吴彦斌
插　　图：黎鸿毅

出版发行：广东人民出版社
地　　址：广东省广州市越秀区大沙头四马路10号（邮政编码：510199）
电　　话：（020）85716809（总编室）
传　　真：（020）83289585
网　　址：http://www.gdpph.com
印　　刷：广东鹏腾宇文化创新有限公司
开　　本：787毫米×1092毫米　1/16
印　　张：5.5　　**字　　数**：100千
版　　次：2023年1月第1版
印　　次：2023年1月第1次印刷
定　　价：26.00元

《红色广东丛书》编委会

总　序

百年征程波澜壮阔，百年大党风华正茂。习近平总书记在党史学习教育动员大会上指出："我们党的一百年，是矢志践行初心使命的一百年，是筚路蓝缕奠基立业的一百年，是创造辉煌开辟未来的一百年。"翻开风云激荡的百年党史，一代又一代中国共产党人，用鲜血和生命浸染了党旗国旗的鲜亮红色，书写了可歌可泣的历史篇章，铸就了彪炳史册的丰功伟绩。一百年来，党的红色薪火代代相传，革命精神历久弥坚，红色基因已深深根植于共产党人的血脉之中，成为我们党坚守初心、永葆本色的生命密码。

广东是一片红色的热土，不仅是近代民主革命的策源地，也是国内最早传播马克思主义、最早成立共产党早期组织的省份之一。在新民主主义革命的漫长历程中，广东党组织在中共中央的领导下，发动、组织和领导广东人民开展了一系列广泛而深远的革命斗争。1921年，广东党组织成立后，积极开展工人运动、青年运动，并点燃农民运动星火。第一、二、三次全国劳动大会连续在广州召开，全国工人运动的领导机关——中华全国总工会在广州诞生。中国社会主义青年团第一次全国代表大会在广州召开，促进了全国团组织的建立、发展。在"农民运动大王"彭湃领导下，农潮突起海陆丰影响全国。

1923年，中共中央机关一度迁至广州，中国共产党第三次全国代表大会在广州召开，推动形成了第一次国共合作，建立了国民革命联合战线，掀起了大革命的洪流。随后，在共产党人的建议下，黄埔军校在广州创办，周恩来等共产党人为军校的政治工作和政治教育作出了重要贡献，中国共产党也从黄埔军校开始探索从事军事活动。在共产党人的提议下，农民运动讲习所在广州开办，先后由彭湃、阮啸仙、毛泽东等共产党人主持，红色火种迅速播撒全国。1925年，广州和香港爆发省港大罢工，声援五卅运动，成为大革命高潮时期一个十分引人注目的重要斗争。1926年，在统一广东革命根据地后，国民革命军在广州誓师北伐，以共产党员为骨干的北伐先锋叶挺独立团所向披靡，铸就了铁军威名。在北伐战争胜利推进的同时，广东共产党组织和党领导的革命队伍迅速扩大和发展，全省工农群众运动也随之进入高潮。

1927年"四一二"反革命政变以后，广东共产党组织在全国较早打响反抗国民党反动派血腥屠杀的枪声，广州起义与南昌起义、秋收起义一起，成为中国共产党独立领导中国革命、创建人民军队的伟大开端。随后，广东党组织积极探索推进工农武装割据，在海陆丰建立第一个县级苏维埃政权，并率先开展土地革命，开启了中国共产党领导人民进行的最重大的社会变革。与此同时，广东中央苏区逐步创建和发展起来，为中国革命的发展作出了不可磨灭的贡献。1931年，连接上海中共中央机关与中央苏区的中央红色交通线开辟，交通线主干道穿越汕头、大埔，成功转移了一大批党的重要领导，传送了重要文件和物资，成为土地革命战争时期党的红色血脉。1934年，中央红军开始了举世瞩目的长征，广东是中央红军从中央苏区腹地实施战略转移后进入的第一个省份，中央红军在粤北转战21天，打开了继续前进的通道，成功走向最后的胜利。留守红军在赣粤边、闽粤边和琼崖地区进行了艰苦卓绝的游击战争，高举红旗永不倒。

抗战全面爆发后，中共中央和中共中央长江局、南方局十分重视和加强对广东党组织的领导，选派了张文彬等大批干部到广东工作。日军侵入广东以后，广东党组织奋起领导广东人民开展敌后抗日游击战争，成立了东江纵队、琼崖纵队、珠江纵队、广东人民抗日解放军、南路人民抗日解放军和韩江纵队等抗日武装，转战南粤辽阔大地，战斗足迹遍及70多个县市。华南敌后战场成为全国三大敌后抗日战场之一，党领导的广东人民抗日武装被誉为华南抗战的中流砥柱。香港沦陷以后，在中共中央的领导和周恩来等人的精心策划安排下，广东党组织冲破日军控制封锁，成功开展文化名人秘密大营救，将800多名被困香港的文化名人、爱国民主人士及家眷、国际友人等平安护送到大后方，书写了抗战史上的光辉一页。

解放战争时期，在中共中央的领导下，华南地区大力开展武装斗争，开辟出以广东为中心的七大块游击根据地，成立了中国人民解放军琼崖纵队、粤赣湘边纵队、闽粤赣边纵队、桂滇黔边纵队、粤中纵队、粤桂边纵队和粤桂湘边纵队等人民武装，其中仅广东武装部队就达到8万多人，相继解放了广东大部分农村，在全省1/3地区建立起人民政权，为广东和华南的解放创造了有利条件。在广东党组织的配合下，人民解放军南下大军发起解放广东之役，胜利的旗帜很快插遍祖国南疆。

革命烽火路，红星照南粤。广东见证了中国共产党从新生到大革命、土地革命，再到抗日战争、解放战争等革命斗争全过程。其间，毛泽东、周恩来、刘少奇、朱德、邓小平、叶剑英、彭德怀、刘伯承、贺龙、陈毅、聂荣臻、徐向前、李富春、粟裕、陈赓等老一辈革命家和李大钊、蔡和森、瞿秋白、陈延年、彭湃、叶挺、杨殷、邓发、张太雷、苏兆征、杨匏安、罗登贤、邓中夏、恽代英、萧楚女、阮啸仙、张文彬、左权、刘志丹、赵尚志等一大批革命先烈都在广东战斗过，千千万万广东优秀儿女也在革命斗争中抛头颅、洒热血，留下了光照千秋的革命历史和革命精神。广东这片红色热土，老区苏区遍布全省，大大小小的革命遗址分布各地，留下了宝贵而丰厚的红色文化历史遗产。

习近平总书记强调，中国革命历史是最好的营养剂。重温这部伟大历史能够受到党的初心使命、性质宗旨、理想信念的生动教育，必须铭记光辉历史、传承红色基因。我们有责任把党领导广东人民进行革命斗争的光辉历史和伟大功绩研究深、挖掘透、展示好，全面呈现广东红色文化历史，更好地以史铸魂、教育后人，让全省人民在缅怀英烈、铭记历史中汲取砥砺奋进的强大力量，让人们深刻认识红色政权来之不易，新中国来之不易，中国特色社会主义来之不易，确保红色江山的旗帜永远高高飘扬。

为充分挖掘广东红色文化资源的丰富内涵，我们组织省内党史、党校、社科、高校等专家学者，集智聚力分批次编写《红色广东丛书》。丛书按照点面结合、时空结合、雅俗结合原则，分为总论、人物、事件、地区、教育五个版块。总论版块图书，主要综述中国共产党在广东的革命斗争历史概况，人物版块图书主要讴歌广东红色人物，事件版块图书主要论说党领导广东人民开展革命斗争的历史事件，地区版块图书从地市和历史专题角度梳理广东地域红色文化，教育版块图书着力打造面向青少年及党员的红色主题教材。丛书以相关的文物、文献、档案、史料为依据，对近些年来广东红色文化资源研究成果做了一次全面系统梳理，我们希望这套丛书能为党史学习教育、革命传统教育、爱国主义教育提供重要内容支撑。

一切向前走，都不能忘记走过的路，走得再远、走到再光辉的未来，也不能忘记走过的过去，不能忘记为什么出发。站在“两个一百年”的历史交汇点上，我们要更加坚定自觉地学史明理、学史增信、学史崇德、学史力行，赓续红色血脉，传承红色基因，以一往无前的奋斗姿态、风雨无阻的精神状态，推动广东在全面建设社会主义现代化国家新征程中走在全国前列、创造新的辉煌。

《红色广东丛书》编委会

2021年6月

目录
Contents

概述 \001

路线一 大埔中站 \ 007
历史背景 \ 008
参观建议 \ 012
情况介绍 \ 015
历史现场·青溪镇 \ 015
历史现场·茶阳镇 \ 042

路线二 汕头中站 \ 049
历史背景 \ 050
参观建议 \ 054
情况介绍 \ 056
历史现场·汕头市 \ 056
历史现场·潮州市 \ 067

参考文献 \073

交通线就像我们身上的血脉

——毛泽东

概述
Gaishu

土地革命战争时期，党的“八七”会议决定建立通达各省的秘密交通线，构成一个党的全国交通网。中共中央机关与各革命根据地联络的交通线，最主要的有长江、北方、南方三条，其中由中共中央机关所在地上海经香港、汕头、潮州进入中央苏区粤东饶平、大埔，闽西永定，赣南瑞金的南方交通线，坚持在国民党统治的白色恐怖之中秘密战斗着，始终没被破坏，成为摧不垮、打不掉的“地下航线”，被誉为“苏维埃的血脉”，史学界称之为中共中央至中央苏区秘密交通线，简称中央秘密交通线。1986年，曾经中央秘密交通线进入中央苏区，时任中共中央委员、中央宣传部顾

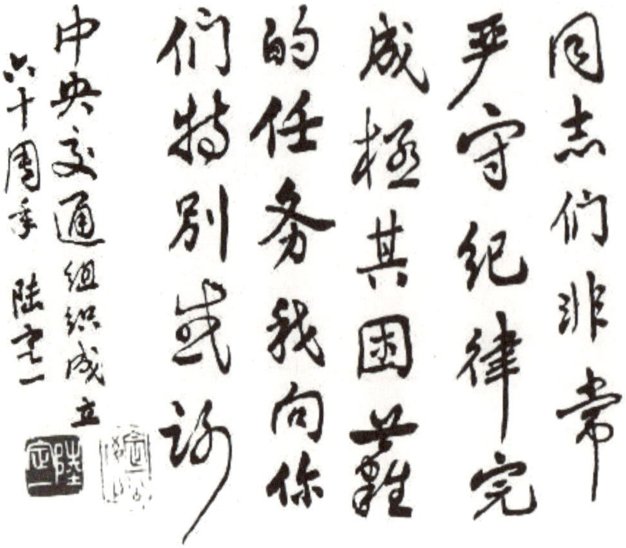

1987 年，时任中顾委常委陆定一为纪念八七会议决定建立中央交通组织六十周年题词

问、全国政协副主席的陆定一对这条交通线定位并题词“红色交通线”。为什么革命先辈称南方交通线为“红色交通线”？我们可以从中央秘密交通线的建立过程来回顾那段惊心动魄的峥嵘岁月。

1929年春，朱德、毛泽东率红四军下井冈山，向赣南、闽西进军，于1930年夏第三次入闽，赣南、闽西革命根据地初步连成一片。建立赣南、闽西根据地与上海中共中央机关的联络交通线，成为巩固与发展根据地的迫切任务。红四军第三次进入闽西后，闽西苏维埃政府成立闽西工农通讯社（又称闽西交通站），闽西特委辖区内各县建立分支机构，称机要交通网，并在大埔北部青溪村设立蔡雨青任站长的大埔站，负责探听粤东

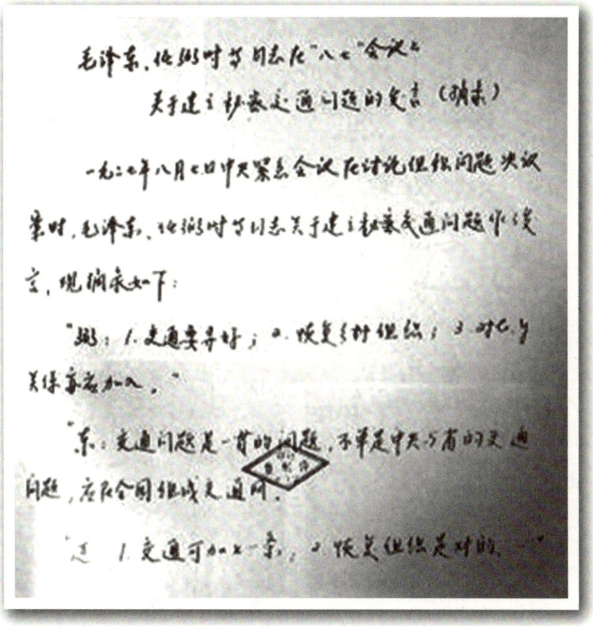
毛泽东、任弼时等同志在"八七"会议
关于建立秘密交通问题的发言（摘录）

一九二七年八月七日中央紧急会议在讨论组织问题决议案时，毛泽东、任弼时等同志关于建立秘密交通问题的发言，现摘录如下：

"弼：1.交通要弄好；2.恢复乡村组织；3.对C.Y关系最好加入。"

"东：交通问题是一个的问题，不单是中央方面的交通问题，应在全国组成交通网。"

"述：1.交通可加入一条，2.恢复组织是对的。"

毛泽东、任弼时等同志关于建立秘密交通问题的发言摘要

国民党军的有关情况，到梅州大埔县城、潮州、汕头等地购买根据地急需的药品、食盐、布匹等物资。

为加强与驻设在上海的中共中央机关的沟通，毛泽东派军团第四纵队政治部主任卢肇西从永定赴上海，向时任中共中央政治局常委兼中央军委书记周恩来报告：为沟通来往，互通情报，急需在闽西工农通讯社基础上建立由上海通往赣南、闽西和粤东的交通线。毛泽东的意见得到周恩来的支持。

1930年10月，周恩来在上海主持成立中共中央交通局，任命吴德峰为交通局局长，陈刚为副局长，筹建党中央机关通往全国各革命根据地的长江、北方、南方三条主要交通线。12月，邓发在粤东大南山主

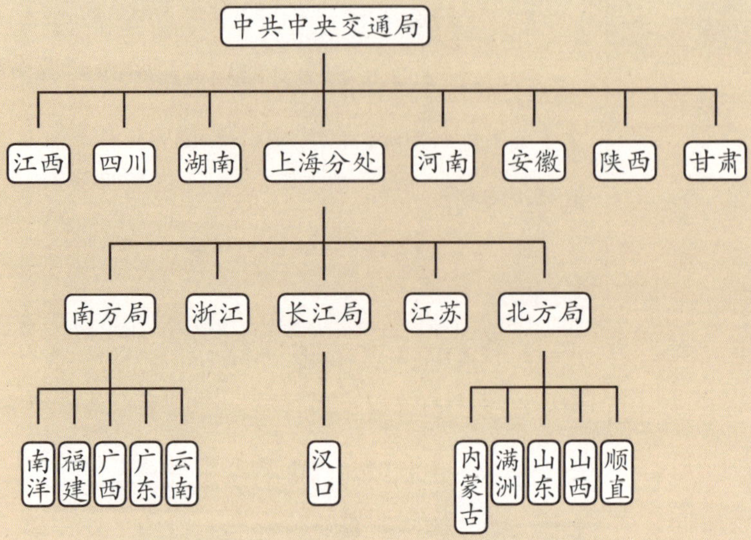

全国交通组织系统表（1927年8月21日）

持召开中共闽粤赣苏区第一次代表大会，为实现闽粤赣三省边界根据地连成一片，大会决定取消东江行动委员会，成立闽粤赣苏区特委，邓发被选举为特委书记，统一领导闽粤赣苏区党政军工作，这标志着全国六大块苏维埃特区之一的闽粤赣苏区（即中央苏区）初步形成，为打通中共中央至中央苏区的南方线奠定了重要基础。在邓发的有力配合下，周恩来誓言“宁可放弃苏区一个县，也要办好交通线”，从各省抽调强有力的干部，集中三个月时间，成功打通了南方线，即中央秘密交通线。

中央秘密交通线是在闽西工农通讯社交通网的基础上建立的，初期有水、陆两条，陆路由上海、香港到广东汕头后，走饶平黄冈到大埔东部苏区的枫朗和村，进入福建永定桃坑，再经上杭、长汀抵达江西瑞金。1930年秋，叶剑英在卢伟良陪同下经此路进至中央苏区。陆路因危险性大，不久停止使用。水路由上海、香港到广东汕头后，沿韩江乘船经潮州、大埔，转汀江至茶阳（大埔县老县城），到青溪上岸后，走山路经多宝坑、铁坑、伯公凹进入福建永定桃坑，经上杭、长汀到江西瑞金。

中央秘密交通线站点分布较多，路程遥远。1930年底，调南方局秘书长饶卫华到香港建立华南交通总站。同年年底，由交通局副局长陈刚通过黄玠然在上海中法药行的亲戚，到汕头市镇邦街7号建立中法药房分号，作为交通局直属的一个重要交通站。1931年初，派陈彭年、顾玉良、罗贵昆3人到汕头市海平路建立便于替苏区筹措电器材料的华富电料行作为备用交通站。同一时期，调广东省委发行科科长李沛群到闽西任交通站站长，调卢伟良担任大埔交通站站长，还调肖桂昌、曾昌明、熊志华等担任中央秘密交通线专职交通员。因为路程遥远，而且国民党反动势力不断封锁、盘查，于是交通沿线上又设立许多联络小站，便于照应、支持。

中央秘密交通线上的香港华南交通总站设于港英殖民管治区，在汕头、潮州等地组建的交通站和联络点设在国民党统治区、华洋杂处、百业并存，处于秘密状态；闽西永定虎岗交通大站位于中央苏区核心区，来往较为安全通畅。大埔交通中站的战略地位与队伍结构则相对特殊。大埔是中央苏区的前沿阵地，交通线上的站点设在汀江沿岸青溪和茶阳境内，居于国民党统治区与苏区的接合部，即赤白交界处，也是水陆接合处，在此由水路改走陆路。为确保中央秘密交通线的畅通和安全，埔北苏区采用被毛泽东赞扬过的吉安东固“李文林式”根据地斗争模式，将公开的武装斗争同秘密割据相结合，将党和政权组织隐藏于群众之中，直属于闽粤赣苏区省委领导。因此，大埔交通中站交通员与其他交通站有不同之处，除上级派来的交通中站工作人员外，原闽西工农通讯社大埔站的工作人员并入大埔交通中站，大埔的党组织和民众直接参加了交通站的组建和交通工作。

在第四次反“围剿”之后，国民党反动派对中央革命根据地实行更加严密的封锁，从湘鄂赣边通往中央苏区的交通线被完全切断，因此，中央秘密交通线成为中央苏区和外界联络的唯一渠道。国民党反动派使用种种手段千方百计地寻找、破坏这条秘密交通线，但所有的企图都落空了。尽管曾经遭遇危险，但秘密交通人员在当地党组织和广大人民群众的帮助和支持下，迅即恢复正常运行，直至党中央随着中央红军战略转移后，中央秘密交通线才完成了光荣而特殊的历史使命。

中央交通线的建立，对于沟通党中央及白区党组织同革命根据地党组织之间的信息来往，及时传送往来文件、书信和通报敌情，对于护送干部和输送物资，以及粉碎国民党的军事“围剿”和经济封锁等，都起了十分重要的作用，做出了特殊的贡献。

路线一

大埔中站

历史背景

Lishi Beijing

大埔是中央苏区的前沿阵地，交通线上的站点设在汀江沿岸青溪和茶阳境内，这里三面环山，沃土平地，汀江就像一条美丽动人的飘带自北而南经过青溪、流向韩江、注入南海。青溪是通往中央苏区核心区的前沿门户，居于国民党统治区与苏区的接合部，敌我斗争残酷激烈；处于赤白交界处，也是水陆交通枢纽。从韩江溯流而上到这里转陆路，向东北方向经多宝坑、铁坑、伯公凹可到达闽西苏区。埔北苏区的蔡雨青、黄华、江如良、孙世阶、邹日祥、郑启彬、丘辉如、余均平、余职邦、余川生、余均开等共产党员为大埔交通中站的主要骨干；由李阿镰、饶阿亮、邱阿莲等组成固定的妇女运输队；驻有中央交通局武装交通班，班长为卓

青溪交通站接头户、老船工。前排左起：余永菊、葛亚先（女）、刘有英（女），后排左起：余良宜、余君开、范增珍

雄（后为李玉棠），队员杨芳、杨起超、邹清仁等是大埔人。埔北区委、区苏维埃政府组织船工及农民组成的运输人员，先后配合完成了护送中共临时中央和刘少奇、周恩来、邓小平、叶剑英、任弼时、刘伯承等200多位领导人及一批电讯技术人员、文艺工作者与共产国际派来的军事顾问李德等，以及物资300多吨，经大埔进入中央苏区腹地等任务。大埔优秀儿女为这条交通线的畅通和安全，贡献了青春年华甚至生命。

大埔交通中站设在青溪里铺的余氏宗祠，下设联络小站有茶阳李国良为负责人的同丰杂货店，孙世阶为负责人的同天饭店，青溪村沙岗头余良晋夫妇为负责人的永丰号；还有虎市多宝坑邹日祥、江崔英、江强英组成的联络小站，丘辉如负责的铁坑小站等；青溪崩逢尾的余均平旧屋、大水坑棣萼楼等则是物资中转站。如今，保存完好的有青溪大水坑棣萼楼，多宝坑邹日祥旧居缵诒堂和茶阳同天饭店、同丰杂货店。因后来兴建青溪水电站，青溪里铺的余氏宗祠、沙岗头的永丰号和崩逢尾余均平旧屋等遗址和大码头已被库区江水淹没。

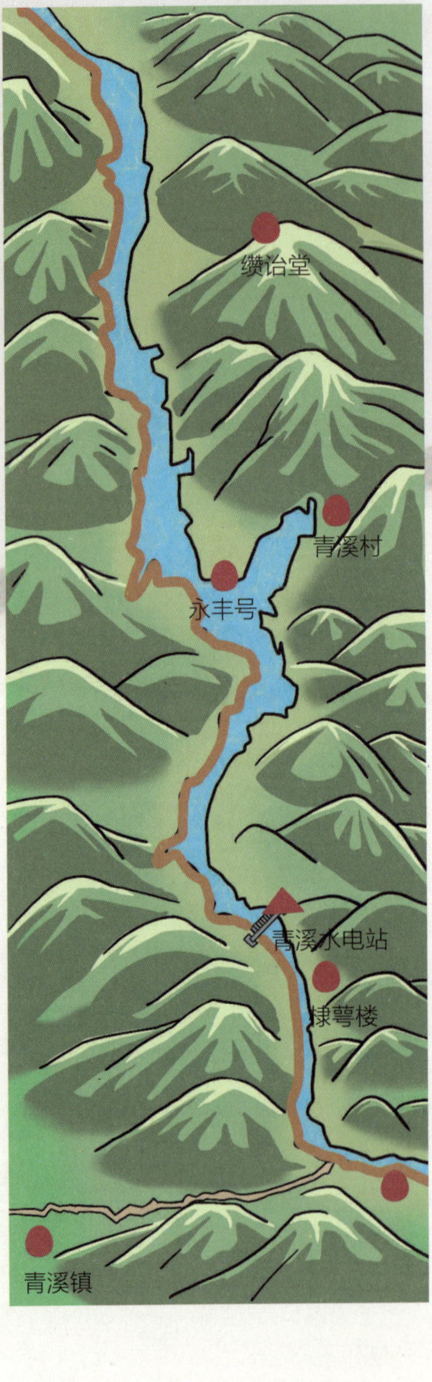

大埔中站示意图

中央秘密交通线水运要道——汀江

重山包围的大埔青溪汀江，是中央秘密交通线水路的必经之地

参观建议

Canguan Jianyi

出行路线

1.梅州市大埔县青溪镇：大水坑（棣萼楼中转站旧址）—青溪村（中央红色交通线大埔中站纪念馆）—里铺村（余氏宗祠遗址）—沙岗头（永丰号联络小站遗址）—虎市村多宝坑缵诒堂中转站旧址）

2.梅州市大埔县茶阳镇：太平一路（同天饭店联络小站旧址）—高福路（同丰杂货店联络小站旧址）

交通安排

大埔是梅州市辖县，该出行路线先后途经青溪镇的大水坑、青溪村、沙岗头、多宝坑和茶阳镇。

1. 从梅州城区出发到棣萼楼大约90千米，驾车用时约1时20分钟（经梅龙高速在茶阳出口转221省道，再转235国道，再沿332省道，后经113乡道到达），到青溪镇蕉坑村大水坑棣萼楼中转站旧址参观。

2. 从棣萼楼到大埔中站纪念馆大约7千米，驾车用时约15分钟。

3. 从大埔中站纪念馆到缵诒堂（邹日祥旧居）大约9千米，途经余氏宗祠和永丰号的遗址，驾车用时约20分钟。

4. 从多宝坑至铁坑的秘密交通驿道保存完好，大约有4千米，徒步用时约1小时10分钟。

5. 驾车前往茶阳镇，在骑楼群中寻访同天饭店和同丰杂货店联络小站旧址。

出行建议

1. 从梅州市区出发依次参观各个红色景点、重走秘密交通线，体力消耗较大，建议前一天休息好，令精力充沛。 第一天：前往梅州市大埔县青溪镇，依次参观棣萼楼、大埔中站纪念馆、余氏宗祠遗址、永丰号遗址和缵诒堂，体验“重走秘密交通线”；第二天：前往梅州市大埔县茶阳镇，在古镇骑楼群中寻访两个交通联络点——同天饭店和同丰杂货店。

2. 提前熟悉大致出行路线，手机下载离线导航地图。自备水、干粮、运动鞋和伞等物品。

3. 目前，纪念馆和交通站点旧址由当地政府负责管理，对外开放时间不定。参访前，请致电大埔县青溪镇人民政府办公室（0753-5620128），方便安排工作人员陪同。

茶阳古镇全景

情况介绍

Qingkuang Jieshao

历史现场 青溪镇

棣萼楼中转站旧址

看今朝

棣萼楼位于大埔县青溪镇大水坑，坐东向西，前临汀江、背靠锯子崠，主体建筑楼高二层，四合院布局，总面宽19.8米，总进深14.65米，占地面积约290平方米，抬梁式构架，墙体承檩，盖阴阳瓦面，共16个房间，兴建于1797年，至今已有200多年历史，是一座典型客家建筑，也是中央秘密交通线上的重要秘密仓库和物资中转站。

在棣萼楼旁如今还存活着一棵有着百年树龄的枫香树。这棵枫香树是国家三级保护古树，它挺立在棣萼楼旁，犹如一位老人陪伴棣萼楼度过了无数个日夜，走过了充满硝烟的革命岁月，向当今的人们诉说着这段不平凡的历史。

棣萼楼中转站旧址

棣萼楼牌匾

棣萼楼内景

忆往昔

棣萼楼作为秘密仓库和中转站，存放并转运过大量军用物资。棣萼楼的楼阁中有暗藏玄机的设计，有许多的暗格用于存放枪支弹药、电台、药物等军用物资和文件信函，可为护送革命同志与储藏物资提供较为安全的保障。在二楼后门的门上都有锁闩，上锁后，门内外的人都无法打开，这种特殊的锁能更好地保护好需要隐蔽的同志。后门外有一条通往后山的小通道。当敌人来搜查时，交通员们立即组织护送的同志们通过这条通道进入后山的小路转移。1932年秋，反动分子刘足卿发现大水坑棣萼楼存放有大量的苏区物资。他为了争当石市区长，向国民党大埔县县长梁若谷告密，但又怕被交通站人员惩处，不敢带县大队进村。结果，县大队走到三方村搜查，该村教师刘光谱得讯，急嘱其妻回大水坑报信。地下党员李应（女）接讯后，立即组织群众，将棣萼楼中30多箱苏区物资转运入山林掩藏。待敌人到大水坑时，物资已全部转移。敌人扑了一空，用机枪四处扫射，弹孔至今犹存。当晚，闽西苏区派来红军和群众，将物资安全运送到中央苏区，参与运输的群众主要是当地妇女。路上不能点灯，即使遇到野猪等危险，队员为了不暴露行踪，也尽量不使用枪支；运输任务完成后要连夜返回，以防被敌人发现。交通员们就是在这样艰苦的环境下圆满完成上级交办的各项任务。

棣萼楼后山的转移通道

棣萼楼二楼后门

一点通

1928年是棣萼楼走进革命的历史起点，在这里成立了党小组。为支持革命事业，棣萼楼的主人出资帮助孙世阶等人到国民党眼皮底下的茶阳建立联络站——同天饭店。在当时严峻紧张的社会局势下，他们不惜牺牲小家守护“大家”的做法，令人敬佩。正是因为这群普通老百姓用信念和生命坚守着这座普通小楼，诠释着党和人民深厚情谊，才让它有了一段不平凡的革命历史，增添了一抹红色的印记。

中央红色交通线大埔中站纪念馆

看今朝

中央红色交通线大埔中站纪念馆，位于大埔县青溪镇青溪村。2016年，为纪念光荣的中央秘密交通线历史，青溪镇按照县委、县政府工作部署，在青溪村建设占地约5700平方米的中央红色交通线纪念园。中央红色交通

中央红色交通线大埔中站展厅外景

线纪念园被列为革命旧址修缮重点建设项目，并最终敲定为以省级纪念园标准进行建设。中央红色交通线纪念园于2016年被确定为广东省保密教育示范基地、2019年被确定为中共广东省委党史教育基地。

如今的中央红色交通线大埔中站纪念馆，外部仿照当年交通中站永丰号的建筑外观。在纪念馆的门前矗立着刻有毛泽东题字的石坊，上书“交通线就像我们身上的血脉”，充分展示了大埔中站的重要历史作用。中央红色交通线大埔中

中央红色交通线大埔中站展厅

交通员塑像

中央红色交通线大埔中站纪念馆展厅

站展厅以三个部分展出了相关党史人物、文献档案等18个展板以及140多幅图片，图文并茂地介绍了大埔中站的历史背景、创建过程和历史贡献。在中央红色交通线大埔中站纪念馆的后面，是由青溪小学改造成的中央秘密红色交通线展馆。纪念馆的旁边还修建了供青溪村村民休闲健身的广场和停车场。

忆往昔

1930年，由于工作的需要，中共中央决定把在莫斯科学习和在白区工作的一些同志输送到中央苏区。时任闽西特委书记邓发决定在梅州大埔建立交通中站，由卢伟良等负责建站工作。由于青溪位于闽粤交界处，地理位置特殊，卢伟良决定将交通中站设立在

中央秘密红色交通线展馆

青溪里铺的余氏宗祠，而由余良晋、黄亚莲夫妇负责经营的永丰号，是交通员们交头、传递重要情报与中途休整的联络点。根据闽西特委的指示，大埔中站经常派人直接到香港、上海、广州与地下党组织进行联络，接送领导干部到中央苏区核心区。

交通中站除了护送干部之外，还担任了为苏区运输急需物资的任务。交通中站除了上级派来的交通员如埔北苏区的蔡雨青、黄华、江如良、孙世阶、邹日祥、余良晋等骨干，还有三四百名运输员，其中女运输员也不少，这些人都为交通线的安全贡献了青春甚至生命。交通员与运输员们把黄金、外币送交党中央，又从白区购进通信器材、药品运到苏区。交通员

永丰号牌匾

永丰号场景复原

永丰号交通员护送领导干部的蜡像

们经常把黄金、白银缚在身上，长途跋涉带出来。他们常常在酷暑天连续赶路十几天，不能洗澡换衣，以致身上生疮化脓，但是大家依然无怨无悔、赤胆忠心、视死如归，出色地完成了任务。

中央红军开始长征后，南方革命陷入低潮，因为内部叛徒出卖，有些交通员被逮捕、杀害，永丰号被查封。如今，原建筑不复存在，只留下“永丰”这块牌匾。

卢伟良的故事

1910年，卢伟良出生于梅县大坪镇一个贫苦农民家庭，1925年他以优异的成绩考进了东山中学，得到在印尼的姑母资助，读了半年初中预科班。其间正是东征军第二次来梅州，受到进步革命思潮影响的卢伟良加入了共青团并秘密参加了革命。1927年5月工农武装暴动后，他积极参加大坪的革命活动，经常给共产党员带路、送信、送文件，在加入中国共产党后积极参与组建大坪农会，开展减租减息运动。

1927年10月初，朱德率领的南昌起义军在大埔三河坝完成阻击任务后撤退。后来古柏（后任红军三十六军军长）由卢伟良送上江西井冈山。1929年春，共青团东江特委派人到梅县召开会议，卢伟良被选为共青团梅县县委书记、共青团东江特委常委。1929年10月31日，朱德率领红四军攻打梅城撤离时，卢伟良被派为向导引红四军由梅县大坪经梅西、平远石正进入赣南的寻乌、安远。

1929年冬，中央交通局任命卢伟良担任大埔青溪秘密交通站首任站长。

在大埔青溪交通站这个特殊的战斗岗位上，卢伟良带领交通员在敌人严密封锁和频繁搜缉的情形下，不怕牺牲，不畏艰难险阻，巧妙周旋。1930年夏，闽西特委决定派卢伟良送500块大洋到香港，为躲避国民党当局的检查，卢伟良把30多斤重的银圆用纱布缠在手臂上，一路翻山越岭，谎称疟疾缠身，装疯卖傻，终于顺利到达香港交通站。20多天的高强度行走外加高温天气的炙烤，接头人发现纱布银圆都带着血迹黏在一起，嵌入了卢伟良的皮肤，只得用镊子一块块轻轻取下。卢伟良用坚定的意志、过人的智慧，出色完成了党交给他的重要使命。

1931年8月间，卢伟良接受组织分派任务，到上海与周恩来联系，安排周恩来到江西中央苏区的路线。见面联系确定了路线后，周恩来一时还不能走，卢伟良就从上海带贺诚、梁广、李沛群3人坐船到汕头，然后经大埔青溪到永定。1931年12月初，周恩来由肖桂昌、黄华护送到青溪站沙岗头后，卢伟良亲自率领短枪队八九人经多宝坑、伯公凹、铁坑、陶坑，渡过永定河，到了永

卢伟良

定县城，将周恩来交与永定县委书记萧向荣，顺利地护送周恩来进入中央苏区。几年的时间里，卢伟良马不停蹄地往来于闽西、粤东、香港、上海之间，多次机警安全地护送了周恩来、叶剑英、刘少奇、项英、任弼时、何叔衡、林伯渠、蔡树藩等中国共产党的领导干部和数百名同志，以及大批党的机密文件、物资到中央苏区。

一点通

如今，大埔中站通过纪念馆重现，不必以卖杂货作为遮掩，没有了交通员在此休整，也没有了来来往往的为革命流血牺牲的英勇战士，但是，纪念馆散发着光芒，它通过文字、图片、历史遗物向后人再现当年的历史场景，诉说着一个个斗智斗勇、感人肺腑的红色故事，传递着交通员、群众无私奉献、艰苦奋斗的伟大精神。纪念馆后，从青溪小学传来琅琅书声，孩子们坚定的眼神在告诉我们，属于中央秘密交通线的故事未完待续，新时代的青少年定将带着先烈们的遗愿，投身到实现中华民族伟大复兴的“新战场”中。

余氏宗祠淹没遗址

接头户的小船

余氏宗祠遗址

看今朝

余氏宗祠遗址位于大埔县青溪镇里铺村。青溪镇因其独特的地理位置，成为进入闽西苏区的“咽喉”。由于青溪镇水路发达，中央秘密交通线大埔交通中站便设在了青溪余氏宗祠，武装交通班（队）也驻扎在这里。余氏宗祠作为大埔交通中站为党的革命事业做出了巨大的贡献，遗憾的是，余氏宗祠原址在1987年因兴建青溪水电站被淹没。

忆往昔

余氏宗祠作为大埔交通中站所在地，为水上交通线的运输工作起到指挥作用。其中驻有武装交通班（队）十余人，购木船一艘、民船二艘来往于茶阳、青溪作交通运输之用，组织船工及青溪农民为基本运输人员。蔡雨青、卢伟良、杨现邻、杨雄、曾昌明、郑启彬等先后担任站长。由大埔中站领导的武装交通队伍，如有重要领导或重要物资进入中央苏区核心区时，则会有闽西红军前来接应，而更多的是由当地妇女群众和农会会员负责。陈嫂子家是武装交通员在青溪里铺村的基点户，多年来她为交通员的食宿、安全操劳。武装交通班（队）就住在她家和余氏宗祠的下片屋。在陈嫂子的教育影响下，她的孩子余维邦专职为交通站放小船，接送来往领导干部，在参加运输工作的途中不幸遭敌人杀害。但是，陈嫂子没有退缩，默默地为党的事业继续奋战在一线，直到最后都没有留下自己的名字。

一点通

余氏宗祠因其独特的地理位置成为中央秘密交通线大埔中站和武装交通班（队）驻扎点，交通员、武装交通班战士与基点户团结一心，众志成城，不怕苦，不怕累，不惜牺牲生命。他们的革命精神，鼓舞了当地广大人民群众。

大埔中站、武装交通班（队）驻扎点——里铺余氏宗祠旧貌

2017 年重建的余氏宗祠

永丰号联络小站遗址

看今朝

永丰号位于青溪镇青溪村沙岗头，永丰号原址在1987年因建青溪水电站而被淹没，现仅存永丰号的招牌及当年周恩来等同志吃饭用过的桌子、油灯等，收藏于大埔县博物馆。永丰号是华侨修建的，所以建筑特色鲜明，带有一些洋气。如今的大埔中站展厅就是以永丰号为原型而建造的。

忆往昔

永丰号是一个战斗在“虎口”的著名红色交通联络站。当年在沙岗头，余良晋、黄亚莲夫妇开的食杂店永丰号被扩建为楼房，设为大埔交通中站联络小站，楼上后门可通山岗，转入通往多宝坑的山道。来往人员在此用饭后可伺机登楼转移。交通员以永丰号的招牌作掩护，依靠与人民群众的血肉联系，冒着生命危险，机智巧妙地与敌人作斗争，经受了严峻的考验，

沙岗市旧址

沙岗头街道遗址

安全护送人员和物资经过青溪进入中央苏区核心区。

青溪村村民范源登回忆道：有一天大雾弥漫，敌人“围剿”青溪，刚进村，就被一位赤卫队员发现了，他立即吹响卖猪肉的布壳。其实他是假装在卖猪肉，布壳声是暗号。大家听到卖猪肉的布壳声就知道有敌情，很快在大雾的掩护下到山上藏起来了。敌人进村没有搜索到任何东西，红军、赤卫队员都没有抓到，群众也全部在山上藏起来了。敌人十分恼火，就抢劫群众的财物。

永丰号联络小站所在地——沙岗头

一点通

永丰号联络小站是革命人民智慧的结晶。在当时严酷的白色恐怖下，青溪群众不怕危险为革命做贡献的精神令人敬佩。一群平凡的村民以坚定的信念，无私地守护革命的大后方。革命战争是残酷的、危险的，但永丰号的交通员却不畏艰难困苦，始终保持着对革命赤诚勇敢的心。

20 世纪 80 年代，永丰号联络小站负责人余良晋亲属在永丰号前合影

缵诒堂中转站旧址

看今朝

这里没有喧闹的机器，没有刺眼的霓虹，没有来往的车辆，有的只是几声秋蝉，还有晴夜里的明月和偶尔呼啸而过的列车，一切都是那么的静谧。这就是广东青溪到福建永定之间的一个小村庄——多宝坑。90多年前，星火初燃之时，这个平静的村庄曾回荡着令人刻骨铭

闽粤交界的高山密林

心的枪声。缵诒堂位于青溪镇虎市村多宝坑，是中央秘密交通线上青溪地下交通员邹日祥的旧居，曾是中央秘密交通线的重要站点，又称多宝坑交通小站。缵诒堂始建于1683年，2012年10月重修，坐东南向西北，土木结构，二进院落右侧一横屋，建筑面积为361平方米，抬梁式构架，墙体承檩，盖阴阳瓦面，有12个房间。2019年4月19日，缵诒堂中转站旧址被列为第九批广东省文物保护单位。

缵诒堂中转站旧址

缵诒堂旁的古驿道

从多宝坑小站到铁坑小站的交通线

从多宝坑小站到铁坑小站的交通线保存较为完好，主要由青石堆砌而成，道路狭窄陡峭，沿途山林茂密，路面树叶覆盖、湿滑。

忆往昔

1931年秋，邹日祥的母亲江强英为了保护在家里的两位同志（巫波和杨磷）而牺牲，邹日祥也因为这事先后三次被抓去坐牢，家里两次被洗劫一空。但他始终坚贞不屈，未出卖过半点党的机密。据邹日祥侄孙邹铁平说：“当天可能有人通报我们这里经常有人经过，在晚上大约是十一二点钟，来了一连人，把我们的屋子都围了起来。邹日祥的母亲江强英为了掩护革命同志，引开国民党兵，就打开后门，国民党兵打了一枪，她不幸被害。国民党军队抄遍了整个屋子，没有抄到什么东西只好撤兵离开。”

在丧母之痛，不及挽歌，皮肉之苦，尚未尽消，铁窗刑拘，犹在耳畔的情况下，刚出狱的交通员邹日祥来不及悲伤，便立刻加入革命中来，毅然接受下一项任务——护送牧师伍豪进入苏区。

1931年12月上旬，周恩来化名伍豪，由交通员黄华在上海护送上船，与交通员肖桂昌坐上英国小火轮，经过两天两夜到达汕头，又乘坐小火车转潮州后坐电船抵达大埔县城茶阳，转乘开往虎头沙

邹日祥旧居——缵诒堂

的小电船，在途经青溪时上岸，到达永丰号。晚饭后，青溪交通站站长卢伟良率手枪队八九人，和大埔埔北交通站负责人蔡雨青、肖桂昌等星夜护送周恩来前往多宝坑交通小站的邹日祥家。

据邹日祥的妻子江崔英回忆："周总理来时，我21岁。我18岁同日祥结婚，19岁时同志就来我们家住，有蔡雨青、杨献林、卢伟良、黄华等在这里住过。周总理来时，蔡雨青的爱人谢美莲叫我去永丰号，我吃过晚饭就去，去到沙岗头永丰号楼上见到黄华、蔡雨青、卢伟良、曾昌明。听说他们是在前一天到青溪，还在祠堂里开了会。休息一下后，我就带他们6人来多宝坑，我负责担行李。路上，黄华说只有我是女人，就把他的外衣（长衫）给我穿。下夜我才看清行李箱是扁平的，像画像的小箱子。当天夜里我带他们到多宝坑，住在屋背的牛棚上，从棚上跳出去就是山林。黄华交二元（银圆）给我，叫我去割猪肉。第二天没有猪肉卖，就买一只鸭给他们吃。他们白天没有出来，我将饭送到上面给他们吃，到夜里再送他们上桃坑交给丘辉如。1965年张克昌去广州开会回来，还同秋英来看我，说周总理来广州，问他大埔虎市的邹日祥怎样。"

邹日祥的故事

邹日祥(1908—1983)，广东大埔县青溪镇虎市村多宝坑人。早年在家乡读了三年小学后，便在家务农。1927年，青溪村的余和园和余晋伯到多宝坑走亲戚，宣传打土豪分田地的道理，他受到启发，经余和园、余晋伯介绍认识了地下党员蔡雨青，并接受蔡雨青交代的任务，回多宝坑组织农会。不到一个月，他就串联发动了10多名乡亲成立了农会，又接受了打通从多宝坑到福建永定凹下交通线的任务。

1930年冬，中共中央决定将在白区工作的一批干部，经上海–

香港–汕头–大埔–福建永定线转移到中央苏区核心区。这时，青溪交通站转为中央秘密交通线的一个交通站。邹日祥为该站交通员。站长卢伟良把邹日祥带到潮州、汕头和香港等地与负责秘密交通工作的同志接头，研究联络密码和接送任务。共产国际派来的军事顾问李德，就是他从香港接来，经汕头、大埔，一直护送到福建桃坑的。周恩来、刘少奇、邓颖超等一大批领导同志，从上海到中央苏区，也是由邹日祥等人护送的。周恩来在长汀的一次祝捷大会上，表扬了这条交通线上的同志工作做得很出色。

中华人民共和国成立后，邹日祥参加1954年中共大埔县委召开的劳模大会，得过奖励。1964年，被选为县人大代表，曾出席过广东省贫下中农代表大会、大埔县民兵代表会和梅县地区民兵代表会。

1983年，因中风在家病逝。

从多宝坑到铁坑的古驿道

一点通

深藏在大山里的缵诒堂，在它的朴素外表下，隐藏着曾经汹涌澎湃的红色洪流和坚定无比的信仰，缵诒堂的主人邹日祥一家，保护了交通线的畅通，保证了运输物资和人员的安全，即使付出生命的代价，也没有背叛信仰，背叛党，背叛人民，在反动派的打压下，反而越挫越勇，想尽千方百计保证苏维埃血脉的畅通。这是一种信念，一种甘愿为全世界无产者奉献出一切的信念，甘愿为中华民族的未来奉献生命的信念。这是以小家成全“大家”，舍私利以谋国利，值得我们学习。缵诒堂，就像一个饱经沧桑的老人，在向大家无声地诉说着军民鱼水一家亲的感情，叙述着那一段不平凡的革命故事，令后来之人，每每闻之，无不肃然起敬。

交通线上的交通员们是一个秘密的群体。他们根据党的需要，长期从事秘密工作，身负重任，却很少出头露面。他们埋头苦干，甘当无名英雄，在十分艰苦的条件下，忠心耿耿，机智勇敢，完成一项又一项的光荣任务。因为斗争环境不允许和保密工作的需要，他们的工作只能是默默无闻。为了保密工作的需要，他们不知道也不能打听所护送人员的姓名与他们运送的物资是什么。当年曾经护送过周恩来的交通员，一直到中华人民共和国成立后看到周恩来的照片，才知道自己护送的重要人物是何人。为了保守党的秘密，他们无私无畏，经受敌人的严刑拷打甚至牺牲生命也无怨无悔。他们从未向组织上提出什么要求，讲什么条件。因为这样的原因，他们的工作带有神秘的色彩，他们创造的可歌可泣的功绩不被世人了解，他们的身影经常隐藏在幕后，甚至他们的后人们都很少听他们主动讲那些同敌人斗智斗勇、颇带传奇色彩的故事。

历史现场 茶阳镇

同天饭店联络小站旧址

看今朝

同天饭店联络小站旧址位于大埔县茶阳镇太平一路4号，是一座三层砖砌楼房，紧靠河岸，处在两条街交汇的丁字路口上，在楼上可将街上的来往人员看得一清二楚。当年，同天饭店一楼卖熟食，二楼是旅馆。二楼靠山处设有后门，门后有一块大木板，在紧急情况时，放下木板就可直接转移上山。目前，该旧址为私人住宅，保存完好。大埔县计划在旧址布展，将其打造为爱国主义教育基地。

道路的尽头就是丁字路口上的同天饭店旧址

同天饭店门前的高坝街骑楼

忆往昔

由香港、汕头运往苏区的货物要先用小火电船运到大埔，再由大埔转送到青溪，路程有30多里，转运起来颇费周折，易生意外，亟须在茶阳设立一个中转联络站。1930年，在交通站站长卢伟良等领导下，大埔青溪人孙世阶受命在茶阳镇高坝街筹建一家上档次的饭店。孙世阶给饭店取了一个极富诗意的店名——同天饭店，意为与天一样长长久久。大门口的对联也是孙世阶亲自拟写的，上联为同路同屋共吃一锅饭，下联为天恩天福同饮一江水，横批为同天饭店。他在“老板”这一公开身份的掩护下，负责接待中央及各地来往的重要干部。彼时，同天饭店地处国民党大埔县公署所在地，反

同天饭店联络小站旧址

动势力猖獗。1932年到1933年间，因国民党政府怀疑其参加革命活动，孙世阶两度被捕入狱，他在家人及党组织营救下出狱，并继续参与交通工作。因叛徒告密，1935年，国民党军队向青溪进扰，不少同志被捕，当地群众也遭遇了一场浩劫。大埔中站副站长郑启彬被出卖，不幸被捕，受尽折磨，宁死不屈。7月，孙世阶在茶阳堂屋路上被捕。狱中，国民党软硬兼施，孙世阶坚贞不屈。次年2月，孙世阶戴着镣铐，被押往刑场。在行刑前，他高呼“十八年后又一条好汉”“中国共产党万岁”，英勇就义。

孙世阶的故事

1910年，孙世阶出生在广东大埔县青溪镇长丰村。他幼年丧父，与母亲相依为命，过着艰难的日子。

1925年，孙世阶小学毕业后，正值国共合作时期，在中共大埔地方组织的革命活动的影响下，他接受了马克思主义思想，积极投身革命工作，接受共产党组织的指派，加入青溪坪沙乡治安会当干事，秘密为党组织提供所需的情报。

1927年，孙世阶加入中国共产党。他在家中设立地下交通联络点，并动员其母亲和妻子参与接送来往的革命人员。热情周到安排食宿，安全接送革命人员。

1927年秋，南昌起义军离开大埔后，大埔革命形势转入了低潮。面对白色恐怖，他不得不暂时避走南洋，在伯父的五金店以做工为掩护，参加马来亚共产党，继续从事革命活动。不久，他被当地政府发现，逮捕后驱逐出境。他返回大埔，继续从事革命活动，受到县委丘宗海、谢卓元、连铁汉等领导人的赞扬和信任。1930 年冬，党组织安排孙世阶在县城茶阳靠近河边的神泉路口筹建一家同天饭店作为秘密交通联络点。中共闽西特委拨出款项作为同天饭店开业的经费。孙世阶成为一名“老板”，雇用可靠的店员数人。在交通站站长卢伟良等领导下，他利用“老板”这一公开身份作为掩护，负责接待中央及各地来往的重要干部。1932年，邓颖超和项英的妹妹项德芬、余长生3人，在闽西站站长李沛群等人的护送下，以客商和平民的装束身份作掩护进入中央苏区，其间就在茶阳同天饭店受到孙世阶热情周到的接待。蔡畅、共产国际顾问李德等一大批党的重要干部都曾在该店食宿后安全到达中央苏区。

孙世阶

一点通

中央苏区时期的交通员们是一个重要的群体，他们的工作关系全局，是党的工作、军队的工作不可缺少的重要部分；他们是一个特殊的群体，因为担负的任务艰巨，所以对他们有着特殊的、严格的要求；他们是一个秘密的群体，身负重担，却埋头苦干，默默无闻；他们是一个英雄的群体，为完成任务义无反顾，甚至不惜献出宝贵的生命；他们是一个令人瞩目的群体，经过革命斗争的历练和生死考验，他们中不少人成长为党和人民事业的栋梁和骨干。

同丰杂货店联络小站旧址

看今朝

同丰杂货店，又称“同丰布匹店”，位于大埔县茶阳镇高福路74号，是中央秘密交通线大埔中站的重要联络点。同丰杂货店联络小站旧址也是目前大埔县保存完好的革命旧址之一。茶阳是著名的侨乡，侨商的回乡投资建楼造就了高坝街这一粤东最大的骑楼群，同丰杂货店就隐蔽于这条悠长而又狭窄的老街上。

同丰杂货店联络小站旧址

同丰杂货店所在的骑楼顶部为砖瓦结构，带有浓郁的中西合璧式南洋骑楼风格。从老旧楼房斑驳的墙面、破旧的门窗中，可以体会到它的主人一直保留着泰然自若的气度。老屋老房，老街老店，古朴情韵，安静祥和。

忆往昔

同丰杂货店是茶阳老街上的一幢两层楼商铺，亦是交通员临时休憩的驿站，得天独厚的地理优势为交通员的革命工作提供了便利。店主李国良、刘其春的公开身份是经营杂货、兼营布匹的小老板，实际上他们依靠同丰杂货店做掩护，协助交通工作，接待中央及各地来往的重要干部。刘其春是中共党员，也是游击干部、棣萼楼中转站负责人，地下党代号为“阿秘”。他曾多次被捕入狱，在敌人的威胁利诱和严刑拷打下，始终坚贞不屈，严守党的机密，表现出一个共产党员的高贵品质和英雄气概。

一点通

大埔中站处于赤白交界地区，革命和反革命的斗争甚为激烈。在国民党反动派白色恐怖时期，作为大埔中站下辖的一个交通联络小站，同丰杂货店肩负着安全输送往来革命同志、文件信函及军用物资的重任，成为战斗在“虎口”的一个红色交通联络站点。茶阳是大埔交通中站的重要“前哨”阵地，隐蔽于此的同丰杂货店自然就成为这个“前哨”阵地中的重要组成部分之一，它以经营店铺为掩护，充当党的耳目，协助交通工作，为保卫后方的大埔交通中站，保卫中央苏区对外联络的“大动脉”做出了突出贡献。

粤东最大骑楼群——茶阳高坝街

路线二

汕头中站

历史背景

Lishi Beijing

中央秘密交通线是中共中央交通局在闽西工农通讯社的基础上建立的，由周恩来亲自选点、布点，经过缜密分析，确定汕头为这条交通线的枢纽点。从地理条件来看，作为港口的汕头，素有“岭东门户，华南要冲”之称，位置特殊，交通便利，同时也是进入大埔、闽西的必经之地。彼时的汕头正处于1860年开埠之后的商业繁盛期，是粤东、闽西南、赣东南的交通枢纽、进出港口和商品集散地，南洋华侨与客商来往非常频繁。两次东征以及南昌起义后的“潮汕七日红”事件后，革命火种在汕头散播，汕头成为思想较为进步的地区，是非常适合建立交通站的。

1930年底，中共中央交通局副局长陈刚通过中央秘书处外交工作负责人黄玠然在上海中法药房的亲戚，到汕头市镇邦街7号建立中法药行分号，作为中央交通局直属交通站。由于汕头地理位置重要，汕头交通站既是承上接下的中转站，又是内地交通线始发站，许多物资要在这里转运，许多人员要从这里经过。为预防万一，做好两手准备，中央决定在汕头再建一个绝密备用站。为此，1931年初，党中央委派陈彭年、顾玉良、罗贵昆3人以上海客商的身份到汕头，要求他们选择便于替苏区筹措电器材料的公开职业为掩护筹建备用交通站。3人于当年2月到汕头后，罗贵昆利用其社会关系，在南京旅社附近的海平路98号（今海平路97号）租用了一座面临马路但没有铺面的三层楼房。陈彭年等根据客观条件和实际需要，建立了一家专营批发代销、不做零售的电料行，目的是可以利用商店名义购买苏区急需的电器材料，对外的名字是“华富电料行”。

正是这一个绝密备用站拯救了整条地下交通线。1931年，中共秘密特务组织中共中央特科的负责人顾顺章被捕后叛变，由于其掌握大量中国共产党的核心机密，致使地下党组织遭受巨大的破坏，多名地下党员遇害。陷入危险之中的，也包括在汕头的中法药行分号。周恩来当机立断，对中央秘密交通线进行调整，撤销顾顺章所了解的交通站。汕头中法药行分号因此停止活动，华富电料行正式启用作为交通站。所以，汕头存在有两处秘密交通站。

目前，海平路97号及西边99、101号为同一幢楼房，已修复，建成为纪念馆，状况较好，2019年元旦正式对市民开放。其中97号为旧址，99、101号为陈列馆。镇邦街7号中法药行旧址（现门牌号为3、5、7号）分前后两部分，前部分为民宅和商铺，后部分为原旧址，只剩残墙，还没有修复，状况较差。2015年12月，镇邦街7号中法药行旧址和海平路97号华富电料行旧址被公布为广东省文物保护单位，名称为：中共中央至中央苏区秘密交通线汕头中站旧址。2019年10月，海平路97号华富电料行旧址被公布为第八批全国重点文物保护单位，名称为：中央红色交通线旧址。

汕头交通站是直属中央交通局的绝密站，与同一交通线上的香港交通站、大埔交通站、闽西交通站等任务不同，它专门负责护送中央领导同志，只有高级干部要经过汕头到苏区才启用，同时负责无线电器材和药品的组织供应和输送。因此，中共中央对汕头交通站的保密要求很严格：只同所在地的党委东江特委书记一人联系，不同其他负责人发生关系；交通员只能单线联系，不能发生任何横向联系；不准外人住站，经过的干部也不带到交通站交接，由交通站派人到约定地点会见。当时，中央交通局直接到大埔的许多交通员都不知道汕头有交通站，甚至连闽西交通站站长李沛群一开始也不知道。华富电料行交通站建立并在汕头站稳后，中央指示东江特委帮助交通站的工作。东江特委帮助交通站把从上海到汕头来的人员和物资转送到苏区，同时还约定了往后联系的地点、暗号和交通员。由此，一条通往苏区的交通线便在地下悄然启动。

参观建议

Canguan Jianyi

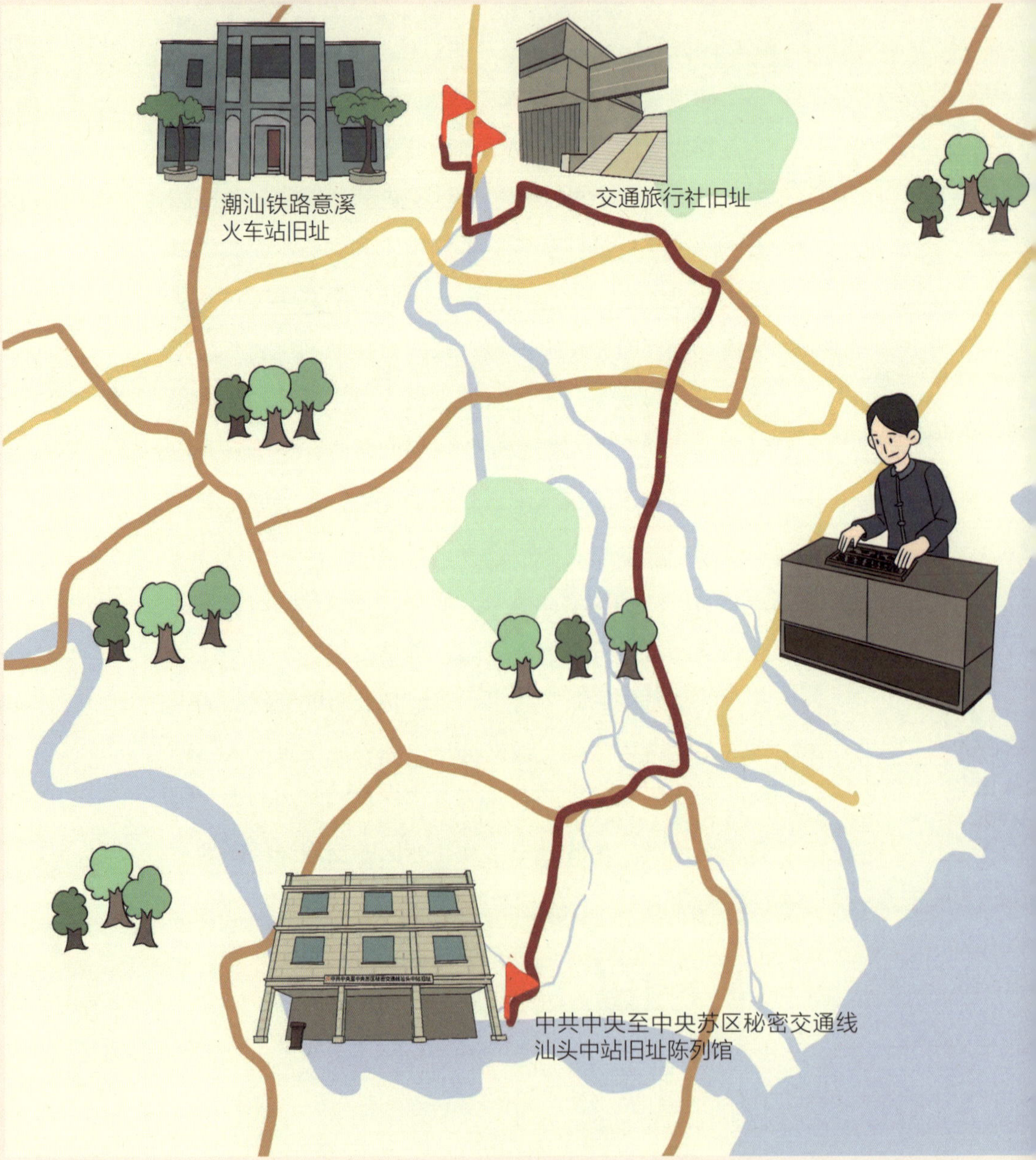

出行路线

1.汕头市金平区：中共中央至中央苏区秘密交通线汕头中站旧址陈列馆（海平路97、99、101号）—中法药行旧址（镇邦街3、5、7号）

2.潮州市湘桥区：潮州交通旅社旧址（卫星二路）—潮汕铁路意溪火车站旧址（西荣路）

交通安排

1. 汕头中站旧址陈列馆和交通点位于城区和近郊，交通便利。在汕头城区，可导航定位“中共中央至中央苏区秘密交通线汕头中站旧址”，乘车或者步行前往参观汕头中站旧址陈列馆。从外地到汕头，驾车经汕昆高速、潮汕路进入汕头城区，按导航路线即可抵达。中法药行旧址还没有修复，仅可在外围参观。

2. 潮州交通旅社旧址和潮汕铁路意溪火车站旧址尚未修缮和布展，仅可在外围参观。

出行建议

1. 中共中央至中央苏区秘密交通线汕头中站旧址陈列馆已于2019年1月正式对外开放，开放时间是9:00至17:00，16:30停止入馆，逢周一闭馆。

2. 目前，潮州交通旅社、潮汕铁路意溪火车站和汕头中法药行的旧址尚未修缮，没有相关道路和建筑标示，出行前要做好充分准备。

情况介绍

Qingkuang Jieshao

历史现场 汕头市

中共中央至中央苏区秘密交通线汕头中站旧址陈列馆

看今朝

中共中央至中央苏区秘密交通线汕头中站旧址是1931—1934年间中共中央交通局的直属交通站，是秘密交通线上的枢纽，对中共中央安全转移人员与物资起到关键作用。2017年8月，广东投入600万元启动该旧址的保护修缮和陈列展示。2019年元旦，汕头中站旧址陈列馆建成并免费向公众开放。2019年10月，被列入第八批全国重点文物保护单位名单。

位于汕头小公园海平路97号的是当年以华富电料行为掩护的交通站旧址。旧址布展后分为两部分，其中，97号还原了当年的部分场景，99和101号则作为相关内容的陈列馆。陈列馆以图文介绍、实物展示、

中共中央至中央苏区秘密交通线汕头中站旧址外景

陈列馆还原华富电料行的场景

情景再现和光影展播等多种形式，全方位、多角度地展现历史事件和人物故事。走进陈列馆，仿佛时光倒流，眼前再现的正是当年的场景：一楼是普通的商行铺面，有掌柜、柜台以及售卖的电子管、灯泡等物品，二楼则是接待室，从家私、挂钟到摆设细节，都尽可能还原当年的场景。

忆往昔

1931年4月，中共中央特科领导人顾顺章被捕后叛变，因为顾顺章掌握大量重要情报，所以从上海到中央苏区的其他交通线都遭到国民党特务机关的破坏。同年6月，中共中央总书记向忠发被捕后叛变，周恩来在上海的安全受到了严重的威胁，不得不离开上海，前往中央苏区领导革命工作，而他唯一可走的就是途径汕头的中央秘密交通线。

1931年12月上旬，周恩来化名伍豪，一副洋厂工人装束打扮，在交通员肖桂昌和黄华护送下，登上停泊在上海外滩十六铺码头的一艘驶往汕头的小轮船。经过海上颠簸，到达汕头后，码头上几个国民党暗探特务穿行在下船的乘客中间，气氛异常紧张。为确保万无一失，汕头交通中站站长陈彭年亲自到码头迎接护送周恩来。在汕头最大的旅社——金陵旅馆办理住宿时，周恩来突然发现旅馆的墙上挂着一幅1925年汕头各界欢迎黄埔学生军大会的合影，站在中间显著位置的正是自己。周恩来轻声告诉陈彭年，这里不安全。最后陈彭年把周恩来领到镇守潮汕的国民党军队独立第二师师长张瑞贵开的私人小旅馆住下，因为小旅馆是国民党师长开的，地痞流氓都不敢去那里骚扰，连警察每晚例行查夜都从不涉足，相当安全。

陈列馆内一景

第二天，周恩来打扮成商人，肖桂昌打扮成同行者，登上了开往潮安的火车。他们买的车票是二等票，上车后发现只有几个人，周恩来一看不对，急忙走进三等车厢。三等车厢人来人往，他们和老百姓挤在一起，拉下帽子看报。突然检票员来查票，周恩来猛一看他，脑海中迅速闪现出这人曾到东江行政专员公署向他请示过工作。周恩来认出他后，忙把头上的帽子拉低，扭头看窗外。肖桂昌机智地站起来，挡住周恩来，同时把车票交给那个检票员。检票员见是二等座，就指着隔邻的二等车厢，要他们去那边坐。肖桂昌当面答应，见那人走后就坐着不动，所幸只是一场虚惊。火车很快到了潮安。

吃过午饭，他们乘下午两点开往大埔的电船。这一回买的是电船尾的小厢房票，单独一个包厢。肖桂

陈列馆内一景

陈列馆内的展览

昌等人一上船就关起门给周恩来化装，使装扮成商人的周恩来变成了一个画像师，肖桂昌也从一个商人随从变成了画像师的徒弟。电船抵达大埔县城茶阳，刚抛下锚，交通站安排的电船几乎同时靠过来，他们立即转乘开往青溪虎头沙。在青溪，周恩来利用仅有的一点休息时间，向当地干部作了形势报告，鼓励他们要加倍努力，完成交通线上的各种任务。因为在闽西乡村有不少基督教徒，按事先商定的方案，周恩来化装成了传教士模样，更好地避人耳目。晚饭后，青溪

交通站站长卢伟良率手枪队八九人，和大埔埔北交通站负责人蔡雨青、肖桂昌等星夜护送周恩来前往多宝坑交通小站（邹日祥家），当晚在多宝坑过夜。第二天又趁夜翻山越岭，经洋门、党坪一带，抵达铁坑交通小站。他们一行白天睡在老百姓家的谷仓内，天黑后过伯公凹，进入永定的陶坑，再一路向西，日夜兼程，于12月22日到达汀州，25日骑着枣红大马奔到红都瑞金。当日，一道电波传到上海党中央：“一路顺风，伍豪平安到达‘娘家’。”

陈列馆内的展览

陈彭年的故事

陈彭年又名胡广富，山东济宁人。1897年生，1924年加入中国共产党，1926年在上海参加地下工作。其父陈岐山，早年由山东逃荒来南京下关，以撑船为业，生有两子，老大叫陈彭年，老二叫陈松年。法国在第一次世界大战后，缺乏劳力，在中国招收华工，陈彭年于1921年乘法轮“智利”号抵法国马赛，进了工厂做工。他在劳动中学到技艺，和法国工人朝夕相处，增进友谊。俄国十月革命一声炮响，留法勤工俭学学生兴起学习马克思主义运动，陈彭年参加了中国共产主义青年团旅欧地方团，参加了中国共产党旅欧支部，以及参加旅法华工总工会、工人夜校，接受马克思主义教育，参与开展了反对帝国主义共管中国铁路斗争、“五卅”运动时在法华工掀起的声援上海工人的反帝运动。

陈彭年自法国回国后，在上海党中央特科工作。为保卫党中央和其他组织的安全、打击敌人获取情报、营救战友做出了出色的贡献。陈彭年在上海开展地下工作时，身穿西装或长袍大褂，头戴礼帽，手拿文明棍，化装成华侨资本家大老板，出入上海租界，开展革命活动。常住在上海闸北卢永祥茶馆和铁路老工人王万有家中以及上海惠中旅馆从事秘密活动。他将密件和武器藏在沙发里和阁楼上。曾在上海铁路工人配合下，炸毁镇江山洞路轨，破坏敌人军用列车。

1931年，陈彭年调中共中央交通局任汕头站站长。1932年调中共中央苏区国家政治保卫局任交通科科长，在中共中央苏区国家政治保卫局局长邓发领导下进行保卫交通工作。1934年10月，红一方面军和中央机关87000人自瑞金、于都、长汀一带突围退出中央根据地，进行二万五千里长征，陈彭年加入了长征大军。1935年9月在深入大草地时，陈彭年与其他两位同志失足陷入沼潭中，葬身草地，壮烈牺牲！

一点通

一代伟人周恩来历经20余天的艰辛路程，结束了从上海经汕头、大埔到闽西、赣南的神秘惊险之旅，开始了新的革命征程。周恩来与毛泽东、朱德等中共高层人物聚首在中央苏区这片神奇的红土地上，在共和国的摇篮开辟革命新路，积累执政经验，掀起了一波又一波的革命浪潮，从瑞金走向北京，成就建国大业。在建立红色政权、探索革命道路的实践中，无数革命先辈用鲜血和生命铸就了以坚定信念、求真务实、一心为民、清正廉洁、艰苦奋斗、争创一流、无私奉献为主要内涵的苏区精神。新时代，新征程，我们要传承苏区精神，锤炼忠诚干净担当的政治品格，不忘为民初心，担当复兴使命。

历史现场　潮州市

潮州交通旅社旧址

看今朝

交通旅社旧址位于潮州市湘桥区卫星二路。交通旅社作为汕头到大埔的中转联络站，为进入苏区的同志提供休息和补给的地点。随着时间的流逝，当年那段历史渐渐模糊，但幸运的是，交通旅社旧址保存了下来。

潮州市湘桥区卫星二路交通旅社旧址

忆往昔

潮州城区的韩江边，有一条几乎与韩江平行的街道，叫作卫星二路。现在的卫星二路一片祥和，丝毫看不出有任何的不同。但谁能够想到在90多年前，这里曾经暗流涌动，为中央苏区和中华苏维埃共和国临时中央政府提供了保障。在这条路上的交通旅社虽不大，但却是中央秘密交通线上不可或缺的一环。当年进入苏区的同志，为求顺利过境，大多以商人的身份从汕头坐火车到达潮州，然后在人力车的掩护下，穿过潮州城区到交通旅社歇息一晚，随后动身前往中央苏区。

在那个战火纷飞的年代，交通旅社为党的革命事业提供重要的后勤保障，发挥了不可磨灭的作用，人来人往之间有不少共和国领导人在这里留下过足迹。这些故事都写在卫星二路的每块砖每块瓦里，或许某处还留着那么一块青石板，默默地记述着这些可爱的人和他们可歌可泣的事。

一点通

潮州市湘桥区卫星二路交通旅社因当时其位于潮州铁路车站旁的特殊地理位置，成为中央秘密交通线从汕头到大埔的重要中转站，为党的革命事业做出了巨大的贡献。虽然它只是交通站下开设的众多地下交通点之一，但“星星之火，可以燎原”。正是由于各地众多地下交通点的相互扶持，才使这条唯一未被破坏的中央秘密交通线登上了历史的舞台。虽然交通旅社随着时代的进程逐渐退出了历史舞台，但是它带给后人的历史意义我们不会忘记，我们要时刻牢记这段革命先辈们奋斗的光辉岁月。

潮汕铁路意溪火车站旧址

意溪火车站旧址二楼外墙

看今朝

意溪火车站旧址，坐落于潮州市郊北关村竹竿山麓，是我国第一条建成并投入使用的侨资商办铁路——潮汕铁路支线上最小的一个火车站，也是唯一保留下来的火车站。它始建于1908年，穿过了百余年岁月的云烟，见证着爱国华侨实业救国的往事，2018年入选“潮州海上丝绸之路文化地理坐标”，现为潮州市文物保护单位。

潮州市区沿西荣路一路向北，临近韩江便可见一民国时期骑楼式双层建筑，那便是意溪站。虽得以保留，但它作为“火车站”的功能早已不复存在。当年的老车站已“变身”民房，二楼楼顶几乎坍塌，一楼也经过些许改建，在外墙的青苔下，仍隐约可见建筑物的雕花，但墙上“意溪站”三个字却因长年累月的日晒雨淋，已难以清晰辨认。

意溪火车站旧址

忆往昔

潮汕铁路是由梅县松口的印尼华侨张煜南和张鸿南兄弟兴建的中国第一条侨资商办铁路。始建于1904年，1906年建成通车。由于韩江下游水位较浅，船只容易搁浅，潮汕铁路成为韩江上游货物经意溪段上岸后至汕头出海的主要渠道。可是，它却于1937年被日军轰炸破坏。1939年潮汕战役爆发前夕，当地军民为了不让潮汕铁路落入日军手中只能忍痛将其拆除。沿线各火车站均被夷为平地或改建，唯有意溪火车站得以幸存，成为潮汕铁路史的唯一见证物。

意溪火车站旧址旁供水池遗址

意溪火车站站房起初为日本式木屋，20世纪30年代初改建为钢筋混凝土结构的骑楼式建筑。潮汕沦陷前，意溪火车站有站房、火车供水池等铁路设施若干。1949年潮州解放后，意溪火车站及附近归属于当时驻潮安的部队所有，站房被改设为驻军消费合作社，驻军撤离后为军属住所。站房往南约200米处，有一处长约10米、宽约3米、高约3米的水池遗址，是当年为火车供水用。未曾想，储藏在这个小小的供水池中的死水，在当年曾是滋养铁路线的源源活水。

一点通

土地革命战争时期，党的许多重要领导干部如周恩来、叶剑英、陈云等同志都曾途经潮汕铁路意溪火车站，转乘电船沿韩江汀江水路秘密潜入大埔青溪。因此，潮汕铁路不仅是一条有利于商业经济的交通纽带，还是一条布满红色印记的革命道路。它支线上的意溪火车站利用其临近港口的地理优势，将革命所需物资通过铁路源源不断输送到此，又转运到中央苏区，强有力地支持了中央苏区的革命活动。

参考文献
Cankao Wenxian

[1] 中共广东省委党史研究委员会编辑出版处：《红色交通线》广州，1986年。

[2]中共大埔县委党史研究室：《中国共产党大埔县地方史》（第一卷），中共党史出版社2007年版。

[3]中共梅州市委党史研究室：《中国共产党梅州地方史》（第一卷），中共党史出版社2011年版。